उलझे उलझे प्रश्न

(काव्य संग्रह)

उलझे उलझे प्रश्न

(काव्य संग्रह)

हरि बख्श यादव 'हर्ष'

Delhi-110089, India

प्रथम संस्करण : 2021
ISBN : 978-93-90889-20-4

प्रखर गूँज पब्लिकेशन
एच-3/2, सेक्टर-18, रोहिणी, दिल्ली-110089
दूरभाष : 7982710571, 7838505899, 011-27851059

मूल्य : 195/-

उलझे उलझे प्रश्न (काव्य संग्रह)
हरि बख्श यादव 'हर्ष'

Uljhe Uljhe Prashan (Kavya Sangrah)
By Hari Bakhsh Yadav 'Harsh'

Published by

PRAKHAR GOONJ PUBLICATION

Delhi-110089

E.mail : prakhargoonj@gmail.com

      sinha.neelu123@gmail.com

Ph. : 011-27851059, 7982710571, 7838505899

Web : prakhargoonjpublications.com

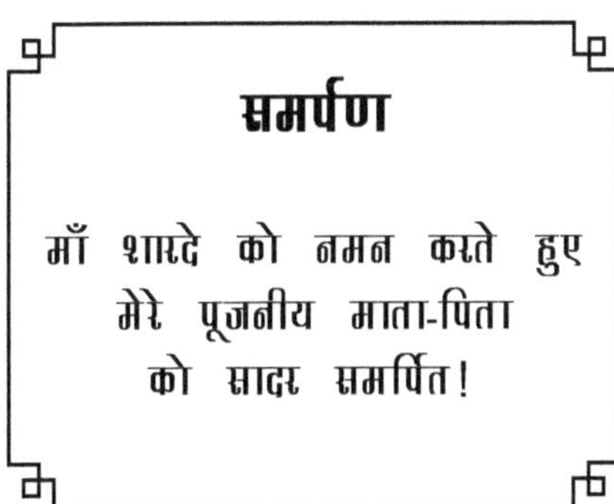

समर्पण

माँ शारदे को नमन करते हुए
मेरे पूजनीय माता-पिता
को सादर समर्पित!

मंगलकामना

अंग्रेजी के प्रसिद्ध कवि विलियम वर्ड्स वर्थ ने काव्य की परिभाषा देते है हुए लिखा है, 'Poetry is the spontaneous overflow of powerful feelings' सच ही तो लिखा है, जब आत्मा के उदगार प्रभावी भावों और शब्द संयोजन के साथ कागज पर काव्य के रूप में उतरते हैं तब पाठक अनायास ही उस कविता की ओर आकृष्ट हो जाता है। जब कवि, लोक की पीड़ा को अपने शब्दों और भावों में पिरोकर कविता के रूप में पेश करता है तब पाठक अनायास ही बोल उठता है कि वाह! क्या कविता है।

मेरे विचार में हरि बख्श यादव 'हर्ष' इसी श्रेणी के कवि और इनका कविता संग्रह 'उलझे उलझे प्रश्न', इसी श्रेणी का अपने तरीके का विशिष्ट काव्य संग्रह है। इस संग्रह में वैसे तो जीवन के हर एक क्षेत्र से सम्बंधित मजेदार और प्रभावी कविताएं आपको पढ़ने को मिलेंगी, परन्तु पीड़ित और शोषित भवनाओं की सुंदर अभिव्यक्ति ज्यादा प्रभावी रूप में मुखरित हुई है।

विविध प्रकार के सुंदर भावों से सजे सुंदर गीतों का संग्रह एक पुस्तक के रूप में हिंदी साहित्य को प्रदान करने के लिए आप को धन्यवाद।

मुझे पूरी उम्मीद है कि आपकी पुस्तक 'उलझे उलझे प्रश्न' हिंदी काव्य साहित्य में मील का पत्थर साबित होगी।
आपकी बेहतरीन काव्य निधि 'उलझे उलझे प्रश्न' के लिए आपको हार्दिक मंगलकामनाएं।

लाल चन्द्र यादव
कार्यकारी संपादक
प्रखर गूँज साहित्यनामा-हिन्दी मासिक पत्रिका
(भारत सरकार द्वारा मान्यता प्राप्त)

अपनी बात

प्रिय मित्रों !

आप सभी प्रबुद्धजनों को मेरा हार्दिक अभिनन्दन एवं वन्दन स्वीकार हो।

मित्रों प्रस्तुत पुस्तक 'उलझे उलझे प्रश्न' साहित्य के धरातल पर मेरा प्रथम काव्य संग्रह है, वैसे विभिन्न पत्र पत्रिकाओं में समय समय पर मेरी रचनाएं प्रकाशित होती रहती हैं। मैंने अब तक २५० के आस पास रचना लिखी है लेकिन उन्हें किसी प्रकाशन मंडल से प्रकाशित कराने की जहमत नहीं उठाई कारण साफ है कि मैं अब तक स्वान्तः सुखाय ही लिख रहा था लेकिन कुछ स्नेही स्वजनों के अनुरोध व अंतर्मन की पुकार को सुन कर फैसला लिया कि जो भी हो अब अपने अंतर्मन की पुकार को आप सुधीजनों तक पहुँचाऊँ और जिसके फलस्वरूप ये पुस्तक आपके हाथ में पहुँच रही है।

समाज में व्याप्त छल, कपट, ईर्ष्या, द्वेष, जाति-पाति, अमीरी-गरीबी आदि बुराइयों और असमानताओं को देखकर ऐसा कोई दिन नहीं जब मेरा हृदय शोक, संताप और रोष से दग्ध न हो। मैं जब भी तूलिका को थामता हूँ और सोचता हूँ कि श्रृंगार लिखूँ, वीर या हास्य लिखूँ तब-तब मेरी लेखनी मुझे धोखा दे जाती है और सिर्फ और सिर्फ समस्यात्मक पहलुओं की चादर ओढ़ लेती है। इसलिए आप प्रबुद्धजनों से करबद्ध प्रार्थना है कि मैं आप लोगों को नायिका के नख-शिख वर्णन, रगों में खौलते हुए शोणित या ठहाकों से उदर में होने वाली गुदगुदी नहीं प्रस्तुत कर सकता।

मेरी इस पुस्तक में हताश, निराश, गरीब और मजबूर की पीड़ा तथा सामाजिक विद्रूपता पर प्रहार करती रचनाएं ही मिलेंगी जो निश्चय ही आप के अंतर्मन को झकझोर देंगी और सोचने पर विवश भी करेंगी।

हरि बख्श यादव 'हर्ष'

आजमगढ़

अनुक्रमांक

१. स्तुति वीणा वादिनी

हे वीणा वादिनी मातु शारदे ऐसा कुछ कर जाओ
मेरे इस तन मन में अपनी निर्मल छवि भर जाओ
हे! माँ निर्मल छवि भर जाओ
हे! वीणा वादिनी मातु शारदे………

मैं तुझमें नित खोया-खोया ऐसा महल बनाऊँ
जिसमें बस तेरी छवि झलके छवि में मैं खो जाऊँ
युग-युग तक हे! माँ मैं तेरा ही दास कहाऊँ
तेरी दया के छांव में मैं भव-सागर से तर जाऊँ
हे! माँ सागर से तर जाऊँ
हे! वीणा वादिनी मातु………

मैं मेरे का भाव न हो मम उर ऐसा हो जाये
दीन-दुःखी की सेवा करके निर्मल मन हो जाये
जो कार्य करूँ तुझमें खो के बस कृपा तेरी हो जाये
सहज, सरल, सबसे अच्छा कृत कार्य मेरा हो जाये
हे! माँ कार्य मेरा हो जाये
हे! वीणा वादिनी मातु………

जो हाथ उठें सत्कर्म करें पग तीरथ को हो आवें
उज्ज्वल से दोउ नैना मेरे दरस तेरा ही पावें
मन मेरा निर्मल जल जैसा तन हो मेरु समान
मुश्किल में गर पड़ जाऊँ तो तुम करना कल्यान
हे! माँ तुम करना कल्यान
हे! वीणा वादिनी मातु………
नींद से जागूँ सुबह-सुबह तो तेरा दर्शन पाऊँ

तेरी याद में खोया-खोया रात को मैं सो जाऊँ
राग-द्वेष से मुक्त हुआ मैं निश्छल प्रेम लुटाऊँ
तेरे वीणे की ध्वनि सुनकर मस्त मगन हो जाऊँ
हे! माँ मस्त मगन हो जाऊँ
हे! वीणा वादिनी मातु........

परम् विचित्र यंत्र इस जग से अपना मोह छुड़ाऊँ
तेरे चरणों में नित बैठा तेरा कीर्तन गाऊँ
अपने इस बेटे की हे! माँ सुन लो करुण पुकार
माता-माता! तुझे पुकारे छोड़ के है घर बार
हे! माँ छोड़ के है घर बार
हे! वीणा वादिनी मातु........

*****

२. रुकी कलम

कलम कहो क्यों रुकी पड़ी हो?
भाव शून्य बन बिकी पड़ी हो
कल तक तुमने क्रान्ति लिखी थी
आज कहो क्यों झुकी पड़ी हो?
कलम कहो क्यों रुकी पड़ी हो?

सत्ता का क्या भय तुमको है?
या लेखन का मय तुमको है
अब भी गर तू नहीं लिखी तो
नफरत मिलना तय तुमको है
अंतर्मन के उठापटक से
तन्हा ही क्यों लड़ी पड़ी हो?
कलम कहो क्यों रुकी पड़ी हो?

जग का जब क्रन्दन लिखती थी
दलितों का बन्धन लिखती थी
बड़े बड़े सत्ताधीशों की
सजी हुई गद्दी हिलती थी
मगर मेज के कलमदान की
आज बनी फुलझड़ी पड़ी हो
कलम कहो क्यों रुकी पड़ी हो?

युग परिवर्तक तेरी छवि है
सृजन में तू मेरी कवि है
अन्धकार में जो जीते हैं,
उनकी तो बस तू ही रवि है

भेदभाव के इस दलदल में
आज अहो! क्यों गड़ी पड़ी हो?
कलम कहो क्यों रुकी पड़ी हो?

अधिकारों से जो वंचित हैं
अपमानों से जो रंजित हैं
उनकी सारी क्षुधा उदर की
अंतर्मन तेरे संचित है
फिर भी तुम अनजान बनी सी
पॉकेट में ही जड़ी पड़ी हो
कलम कहो क्यों रुकी पड़ी हो?

अपनी रौ में जब चलती हो
बहुतों के मन को खलती हो
तमस धरा का घोर मिटाने
मानो दीपक सी जलती हो
मगर सृजन की शोभा बनकर
इक कोने में अड़ी पड़ी हो
कलम कहो क्यों रुकी पड़ी हो?

कितने लेखक अमर किये हो
कितने कवि को नजर दिए हो
देश काल इतिहास समाए
कितने कड़वे जहर पिये हो
मगर आज नैराश्य हुई सी
द्रुम से मानो झड़ी पड़ी हो
कलम कहो क्यों रुकी पड़ी हो?

दिनकर के हुंकारों को तुम
तुलसी के संस्कारों को तुम
जयशंकर, अज्ञेय, निराला
सुभद्रा के व्यवहारों को तुम
आत्मसात कर अंतर्मन से
सृजन शिखर पर चढ़ी पड़ी हो
कलम कहो क्यों रुकी पड़ी हो?

फिर से तुम प्रतिकार लिखो तो
फिर से तुम हुंकार करो तो
रिक्त पड़े इस 'हर्ष' पटल पर
फिर से तुम ललकार लिखो तो
किसके भय से भीरु बनी यूँ
नतमस्तक तुम खड़ी पड़ी हो
कलम कहो क्यों रुकी पड़ी हो?

*****

३. शातिर परिन्दा

ऐ! सजग शातिर परिन्दे
व्योम में कब तक उड़ेगा?
उर तमस के व्याधियों से
तू बता कब तक लड़ेगा??
ऐ सजग शातिर परिन्दे! !

जिन्दगी का भार लेकर
आँसुओं का हार लेकर
तू अकेला लड़ रहा है
पर्वतों पर चढ़ रहा है
जिन्दगी के इस सफर में
पर तेरे जब श्रान्त होंगे
तू बता कैसे मुड़ेगा? तू बता कैसे लड़ेगा??
ऐ सजग शातिर परिन्दे! !

पादपों की डाल सूखी
धूप में कोयल है कूकी
नीड़ का निर्माण कर तू
पत्थरों में प्राण भर तू
अब भी गर तू न जगा तो
नीड़ के प्रिय बन्धनों से
तू बता कैसे जुड़ेगा? तू बता कैसे लड़ेगा??
ऐ सजग शातिर परिन्दे! !

मैं का मायाजाल मधुरिम
ख्वाब का संसार स्वर्णिम

तू चतुर्दिक उड़ रहा है
शून्य से भी जुड़ रहा है
स्वजनों के मध्य में, प्रिय!
झूठ की ये शान-शौकत
तू बता कब तक गढ़ेगा? तू बता कब तक लड़ेगा??
ऐ सजग शातिर परिन्दे!!

जब जरा का जोर लेकर
आँसुओं का शोर लेकर
कुल कुटुम्ब से आ मिलेगा
सत्य से भी जा मिलेगा
द्वन्द के इन दलदलों में
तब भला बेजार होकर
तू बता कब तक कुढ़ेगा? तू बता कब तक लड़ेगा??
ऐ सजग शातिर परिन्दे!

'हर्ष' तू फिर गेह ले ले
स्वजनों का स्नेह ले ले
छोड़ कर अभिमान सारे
त्याग दे तू बैन खारे
दर्प के झूठे नशे में
गलतियाँ दिन रात करके
तू बता किस पर मढ़ेगा? तू बता कब तक लड़ेगा??
ऐ सजग शातिर परिन्दे!

*****

४. गीत प्रीत के क्या गाऊँ

दृग-पट अश्रुधार बहते हैं
गीत प्रीत के क्या गाऊँ?
मेरे मन की कथा-व्यथा को
कौन सुनेगा? क्या गाऊँ??
दृग-पट अश्रुधार बहते हैं, गीत प्रीत के क्या गाऊँ??

क्यों करती हो प्रणय निवेदित
रास नहीं परिरम्भ मुझे।
रद-पट के अनुबन्ध तोड़कर
करता हूँ स्वच्छंद तुझे।
नीर भरा हूँ दुःख का अंबुद
कहां और मैं कब छाऊँ??
दृग-पट अश्रुधार बहते हैं, गीत प्रीत के क्या गाऊँ??

शून्य क्षितिज में दूरतलक बस
धुआँ-धुआँ सा दिख पाता।
उच्छवासों के उन्चानों पर
अक्सर कविता लिख जाता।
मृगतृष्णा सी आह जिन्दगी
हास अधर कैसे लाऊँ??
दृग-पट अश्रुधार बहते हैं, गीत प्रीत के क्या गाऊँ??

जग वालों के पैमानों पर
आह! वेदना शून्य मेरी।
अमृत रस का पान कराती
वाणी है मूर्धन्य मेरी।

उर पट चीर सत्य दिखा दे
छुरी कहाँ से मैं लाऊँ??
दृग-पट अश्रुधार बहते हैं, गीत प्रीत के क्या गाऊँ??

मन में हाहाकार समाए
आर्तनाद की स्वर लहरी।
ठिठक ठिठक कर मुखरित होती
मध्य रात्रि का ज्यूँ प्रहरी।
द्वन्द समाए अंतर्मन में
कहो! कहाँ को मैं जाऊँ??
दृग-पट अश्रुधार बहते हैं, गीत प्रीत के क्या गाऊँ??

जग कहता है आँख मूँद कर
तुम तो अच्छे खासे हो।
मध्य निशा के नीरवता में
हँसते गाते जाते हो।
मगर दर्द के इस सागर में
मुक्ता कैसे? कब पाऊँ??
दृग-पट अश्रुधार बहते हैं, गीत प्रीत के क्या गाऊँ??

निर्निमेष नयनों में मेरे
नींद कहाँ? रचती बसती।
यामा का प्रहरी बन करके
श्वांस मेरी चलती रहती।
मूर्त वेदना उर में मेरे
'हर्ष' कहाँ से ले आऊँ??
दृग-पट अश्रुधार बहते हैं, गीत प्रीत के क्या गाऊँ??
*****

५. कैसे कोई दीप जलाऊँ

धधक रही मन में चिंगारी
कैसे कोई दीप जलाऊँ?
इस दिवाली हर्ष हृदय पर
कैसे कोई तीर चलाऊँ?
धधक रही मन में चिंगारी........

मन का अंतर्द्वंद घना है
तमस रगों में आज तना है
स्नेह भावना क्षीण हुई सब
ईर्ष्यामय संसार बना है
ऐसे इस निःसार जगत में
कैसे प्रिय को पास बुलाऊँ?
धधक रही मन में चिंगारी........

जग के कलुषित पैमानों में
युवा भटकते मयखानों में
सत्ता तेरे खिदमत में ही
हुस्न संवरते तहखानों में
राष्ट्र तुम्हारे स्याह भाल पर
कैसे चंदन तिलक लगाऊँ?
धधक रही मन में चिंगारी

गिद्ध हंस की चाल चला है
मन में कलुषित भाव पला है
रिश्तों को बस तार तार कर
मानवता को आज छला है

भिक्षुक रूप धरा जो रावण
कैसे उसको आज जलाऊँ?
धधक रही मन में चिंगारी........

मनरेगा में माटी चुनती
एक जून की रोटी मिलती
मंहगाई के दौर में देखो
बुढ़िया खुद ही साड़ी सिलती
कम्पित कर निस्तेज नयन को
कैसे झूठी आस दिलाऊँ?
धधक रही मन में चिंगारी........

अंगेठी में आग नहीं है
खाने को भी साग नहीं है
भूखे पेट रात न बीती
ऐसी कोई बाग नहीं है
आह अकिंचन मैं हतभागी
कैसे भूखा लाल सुलाऊँ?
धधक रही मन में चिंगारी.......

कर्ज तले दबती जाती हूँ
दुखिया दुःख सहती जाती हूँ
पीठ-पेट सब एक हुए पर
नंगे पग चलती जाती हूँ
आह लला इस पर्व तुझे मैं
कैसे हलवा खीर खिलाऊँ?
धधक रही मन में चिंगारी........
*****

६. कलम का प्रतिकार

ऐ कलम प्रतिकार लिख तू
उठ और ललकार लिख तू

अबतलक प्रिय प्यार लिखते
कुन्तलों का भार लिखते
नोंक तेरी झड़ गई है
फिर भी तू तो अड़ गई है

उठ और अंगार लिख तू
ऐ कलम प्रतिकार लिख तू

हास्य के वो छंद लिखते
रति प्रणय मकरन्द लिखते
मसि तेरी पतली हुई है
तू भी तो दुबली हुई है

उठ और संहार लिख तू
ऐ कलम प्रतिकार लिख तू

चाटुकारी वन्द लिखते
कुर्सियों की गंध लिखते
बिक गई बेमोल तू तो
थी कभी अनमोल तू तो

खुद बिकी स्वीकार लिख तू
ऐ कलम प्रतिकार लिख तू

कर बगावत तख़्त लिख दे
अश्रु या की रक्त लिख दे
बेबसों की आन बनकर
निर्बलों की शान बनकर

आज फिर यलगार लिख तू
ऐ कलम प्रतिकार लिख तू

सत्य का प्रतिरूप है तू
खिलखिलाती धूप है तू
साजिशें नाशाद कर दे
फिर अमन आबाद कर दे

अब न यूँ इनकार लिख तू
ऐ कलम प्रतिकार लिख तू

हो कोई नाराज बेशक
कर नया आगाज रोचक
आँसुओं को दाम दे कर
क्रांति का पैगाम ले कर

'हर्ष' फिर हुंकार लिख तू
ऐ कलम प्रतिकार लिख तू

*****

---

७. व्यथित पथिक

अरे पथिक तू व्यथित बहुत है
पीड़ा की भरमार, बता तू कहाँ चलेगा??
हानि, लाभ औ सुख, दुख ये सब
जीवन की ललकार बता तू कहाँ चलेगा??

सबके अपने–अपने गम हैं
कुछ के ज्यादा कुछ के कम हैं
पीड़ा का इक दौर समाए
सबकी अपनी आँखें नम हैं
जीवन के इस चक्रव्यूह में
करता मन चीत्कार, सखे तू कहाँ चलेगा??

रजनी के घनघोर तमस में
जून माह के तेज उमस में
श्रान्त, क्लान्त, एकांत हुआ तू
बैठा है किस हेतु कफस में
अरे दर्द की डगर चला ले
मन में हाहाकार, बता तू कहाँ चलेगा??

उच्छश्रृंखल उद्विग्न भाव में
सुखे वृक्ष के जीर्ण छाँव में
मृगतृष्णा की लिए प्यास तू
यादों के सुनसान गाँव में
अरे वेदनाजन्य भाव क्यों
उठते बारम्बार, बता तू कहाँ चलेगा??

अरे आर्य मैं समय कठिन हूँ
सपनों की दरकार, सखे! मैं यहीं रहूँगा।।
हानि, लाभ औ सुख, दुख को
मैं करता अंगीकार, सखे! मैं यही रहूँगा।।

दिन रात सतत चलता रहता
मैं मई-जून ढलता रहता
लिप्सा की बन स्याह शाम
मैं आंखों में पलता रहता
जीवन के इस कठिन डगर में
बनकर संगी यार, सखे! मैं यहीं रहूँगा।।

जग की चकाचौंध चुभती है
ये कैसी चलती युवती है
सुरा सजाए डगर डगर में
मधुशाला बस्ती उगती है
अरे वक्त की चाल समेटे
मैं हूँ समय सुजान, सखे! मैं यहीं रहूँगा।।

***** *

८. ज़ख़्म घनेरे

हाय! जिगर के ज़ख़्म घनेरे
जग को कैसे दिखलाऊँ?
श्रान्त दृगों के अश्रुधार से
कैसे तुझको नहलाऊँ??
हाय! जिगर के ज़ख़्म घनेरे जग को कैसे दिखलाऊँ?

उर की पीड़ा मन मस्तिष्क पे
डाल रही अपना डेरा।
खाते, पीते, सोते, जगते
स्मृतियों का लगता घेरा।
बेचैन हुई कंचन काया को
चैन कहाँ से दे पाऊँ??
हाय! जिगर के ज़ख़्म घनेरे जग को कैसे दिखलाऊँ?

स्वप्न सलोने जो देखे
वो सपनों में ही बिखर गए।
नींद खुली तो तन्हाई में
रोम रोम सब सिहर गए।
निस्सार जगत की यथार्थ बातें
जग को कैसे बतलाऊँ।।
हाय! जिगर के ज़ख़्म घनेरे जग को कैसे दिखलाऊँ

शून्य क्षितिज में दूर तलक
बस तारे ही दिखते हैं।
इन सांसो के प्रतिध्वनि से
द्वय श्रवण बिन्दु ही थकते हैं।

साँसों के इन स्पंदन को
कैसे खुद से दूर भगाऊँ।।
हाय! जिगर के ज़ख्म घनेरे जग को कैसे दिखलाऊँ?

व्याकुलता का शहर बसा है
मन मष्तिष्क के आंगन में।
हर आहट पर दिल की धड़कन
शोर मचाती तनमन में।
विरह वेदना के इस पल में
दिल को कैसे समझाऊं।।
हाय! जिगर के ज़ख्म घनेरे जग को कैसे दिखलाऊँ?

सपनों का पथ देख देखकर
सारी रजनी विता दिया।
तेज तिमिर का सिथिल हुआ
स्पृहा प्रिया का मिटा दिया।
दिल के उत्कट अरमानों को
कैसे पल में पास बुलाऊँ।।
हाय! जिगर के ज़ख्म घनेरे जग को कैसे दिखलाऊँ?

उर अंदर जो चोट लगी
वो प्रकट भला कैसे होती।
मायावी इंसानों में वो
मुखरित ध्वनि कैसे होती।
वेवश मन की व्याकुलता को
हर्ष कहाँ से दे पाऊँ।।
हाय! जिगर के ज़ख्म घनेरे जग को कैसे दिखलाऊँ?
*****

६. मन में उठते प्रश्न हजार

मन में उठते प्रश्न हजार।
मानव दानव हो जाता क्यों?
असुर वृत्तियां है लाता क्यों?
पथ के निर्बल अबलाओं संग
करता क्यों व्यभिचार?
मन में उठते प्रश्न हजार।।

निज जननी, भगिनी को जाने।
अपनी प्रिय तनुजा पहचाने।
पी कर हाला पर नारी संग
करता जुर्म हजार।
मन में उठते प्रश्न हजार।।

सत्ता के ही लाचारी पर।
अपनों के ही गद्दारी पर।
कितनी बेबस निर्भयाएँ
करती करुण पुकार।
मन में उठते प्रश्न हजार।।

संस्कारों का पतन है शायद।
नव बनने का जतन है शायद।
टी वी के फूहड़ गानों पर
होता रास विहार।
मन में उठते प्रश्न हजार।।

फूलों से सुकुमार बदन पर।

बालापन के कोमल मन पर।
चलचित्रों का असर आज है
करता भवि संहार।
मन में उठते प्रश्न हजार।।

एकल कुटुम्ब का तानाबाना।
बचे शेष बस नानी-नाना।
मोबाइल के दौर में देखो
घर में पड़ी दरार।
मन में उठते प्रश्न हजार।।

कोई तो कानून बनाओ।
अपराधी को सहज मिटाओ।
मृत्युदण्ड बेशक दे डालो
कर दो हर्ष सुधार।
मन में उठते प्रश्न हजार।।

*****

१०. उत्तर दे दो

मुझे इस बात का बस उत्तर दे दो।

अमीरों के नजर में आज
निवाला किसका पलता है?
मुफलिसी के दरख्तों में
दुशाला किसका सिलता है?
निवाले और दुशाले की
यहां दुश्वारियाँ क्यों है??
मुझे इस बात का बस उत्तर दे दो।

भूखे पेट पत्थर तोड़ते
दिन किसका ढलता है?
अमीरों की जलाई आग से
घर किसका जलता है?
अमीरों और गरीबों में
बनी ये खाइयाँ क्यों हैं??
मुझे इस बात का बस उत्तर दे दो।

मलिन बस्ती शहर की जो
वहां शिशु किसका पलता है?
उठते गन्ध नालों से
मगर दम किसका घुटता है?
मलिन बस्ती ही नालों की
बनी परछाइयाँ क्यों है??
मुझे इस बात का बस उत्तर दे दो।

शहर के मध्य मधुशाला
वहाँ गम किसका घुलता है?
धूप में चीर हो लथपथ
स्वेद से किसका धुलता है?
स्वेद संग आज हाला की
घनी असनाइयाँ क्यों है??
मुझे इस बात का बस उत्तर दे दो।

ईंट भट्टों की जलती राख
से तन किसका जलता है?
अमीरों के किये अहसान
से घर किसका चलता है?
ईंट भट्ठे ही निर्धन की
बनी अमराइयाँ क्यों हैं??
मुझे इस बात का बस उत्तर दे दो।

*****

११. मृत्यु बोध

सत्य चिरंतर मृत्यु बोध है
इक न इक दिन आती है।
संग समाहित करके अपने
सचर अचर ले जाती है।
सगे सहोदर शेष बचे को
करुण आह दे जाती है।।
सत्य चिरंतर मृत्यु……..

मरघट के जलती ज्वाला से
माया मोह जला कर के।
झरझर झरते अश्रु बिंदु को
आखों में दे दे करके।
क्षणभंगुर जीवन की गाथा
सबको यही बताती है।।
सत्य चिरंतर मृत्यु……..

किसी देश का राजा हो वो
या कि हो कोई रंक, फकीरा।
भटक रहे राहों का पागल
या कि हो कोई अति मतिधीरा।
सबको स्नेहिल थपकी देकर
चिर निद्रा में सुलाती है।।
सत्य चिरंतर मृत्यु……..

जीवन के कलुषित पैमाने
झूठ साँच के सब तहखाने।

डगर डगर में खुले हुए उन
मधुशाला और मयखाने।
क्षण भर में सब बन्द कराके
मृत्युलोक ले जाती है।।
सत्य चिरंतर मृत्यु........

बिबिध रूप ले ले के आती
जाती ज़ख्म बड़ा दे के।
यादों के झिलमिल रातों संग
दिल में शूल गड़ा कर के।
जीवन में जो न भूले वो
अमिट याद दे जाती है।।
सत्य चिरंतर मृत्यु........

*****

१२. शून्य के उस पार

शून्य के उस पार देखो
स्वर्ण रश्मि हार देखो

उर निलय में आज मेरे
वो पुराने ख्वाब तेरे
गुनगुनाते गीत गाते
मेघ बन के आज घेरे
आ के अब इक बार देखो
शून्य के उस पार देखो

वृष्टि को बस कूल दे दो
न सूखे जो फूल दे दो
दिल्लगी के राह में
उड़ती हुई सी धूल दे दो
मन का हाहाकार देखो
शून्य के उस पार देखो

मन विकल है प्राण दे दो
व्यस्तता को त्राण दे दो
रिक्तता को बेध दे जो
वो नुकीला बाण दे दो
आ के अब इकरार देखो
शून्य के उस पार देखो

वक्त को परिधान दे दो
न कोइ व्यवधान दे दो

झिलझिलाती जिंदगी को
फिर वही पहिचान दे दो
आ के मेरा प्यार देखो
शून्य के उस पार देखो

वो निशानी नाम फिर से
वो पुरानी जाम फिर से
दृग पटल पर सज रही है
मृदु सुहानी शाम फिर से
बस प्रणय की धार देखो
शून्य के उस पार देखो

दिग्दिगन्त मकरन्द सी
तू बह रही है मन्द सी
पंक्ति में मोती पिरोती
कवि के कोई छन्द सी
तूलिका की धार देखो
शून्य के उस पार देखो

मेघपुष्प खार जीवन
महि पारावार जीवन
वेदना के बृष्टि में
है ये हाहाकार जीवन
रिक्तता की मार देखो
शून्य के उस पार देखो

*****

१३. वेदना की रात

आज सारे भाव मेरे
मन के सारे द्वार घेरे
अवलियों में बद्ध होने
के लिए जज्बात तेरे
आज सारे भाव मेरे........

भार बूढ़ी माँ हुई क्यों
बाप की बातें छुई क्यों
कँपकपाते हाथ माँ के
दृग पटों में अश्क आ के
काश की अब मौत आये
वेदना की रात तेरे
आज सारे भाव मेरे........

शून्य जीवन ये जरा है
दर्द से मानो भरा है
वृद्ध होना ही खता है
मौत का ये ही पता है
काश कोई चैन लाये
वेदना की रात तेरे
आज सारे भाव मेरे........

पाई-पाई जोड़ करके
ख्वाब अपने छोड़ करके
पुत्र के सपने सँजोती
भार कन्धों पर है ढोती

काश की मां लौट आये
वेदना की रात टेरे
आज सारे भाव मेरे........

पितु मात की ये बेबसी
प्रिय लाडले की मयकशी
उद्विग्न मन बेचैन होता
सुरमई प्रारब्ध खोता
काश की मय मन न भाये
वेदना की रात टेरे
आज सारे भाव मेरे........

वृद्धावस्था श्रान्त आँखें
मौत करवट हो के झाँके
रात के निस्तब्धता में
दर्द के उपलब्धता में
मौत का परवान आये
वेदना की रात टेरे
आज सारे भाव मेरे........

आधुनिकता की लहर में
डूबते गन्दे शहर में
भावनाएं मर रही हैं
वर्जनाएं सड़ रही हैं
'हर्ष' ये दिन अब न आये
वेदना की रात टेरे
आज सारे भाव मेरे........
*****

१४. आने वाला कल

बीत गया सो बीत गया बस
आने वाला कल बेहतर हो।।

एक प्रतिज्ञा मैं करता हूँ
एक प्रतिज्ञा तुम भी करना
मानवता न शर्मसार हो
ऐसा ही दम तुम भी भरना
जाति पाति औ भेद भाव बिन
होने वाला हल बेहतर हो।

आने वाला कल बेहतर हो।।

आधि व्याधि का जाल अटल सा
आज धरा को डरा रहा है
दूषित नीर-समीर चराचर
प्राण-वायु को हरा रहा है
स्वच्छ नीर के क्षिप्र वेग से
सलिला का कलकल बेहतर हो।

आने वाला कल बेहतर हो।।

प्यासी, पथरीली आंखों की
भाषा को तुम भी पढ़ लेना
निर्बल औ असहाय जनों के
भावों को तुम भी गढ़ लेना
जिससे जग में हर मानव के

जीवन का हरपल बेहतर हो।
आने वाला कल बेहतर हो।।

नए साल की नई चुनौती
मुह बाए बिकराल खड़ी है
कुत्सित कर्मों के दलदल में
मानवता बेहाल पड़ी है
जो वर्षों से ईप्सित था वो
स्नेहमयी जल-थल बेहतर हो।
आने वाला कल बेहतर हो।।

*****

१५. व्यथित की व्यथा

भाव अगणित सृजन बनके आते रहे
दग्ध पीड़ा घुटन के सुनाते रहे।
शब्द सागर में गागर डुबो करके हम
उस व्यथित की व्यथा को भुलाते रहे।।
भाव अगणित सृजन........

भूख से मिट गए उसके जज्बात हैं।
मन मे उठते नहीं अब कोई ख्वाब हैं।
बस उदर की क्षुधा पूर्ण करने को ही
सर पे अपने वो विष्टा उठाते रहे।।
भाव अगणित सृजन........

तन पे खाये हुए वो कई घाव हैं।
उनका अपना न घर न कोई गाँव है।
रात-दिन दर-बदर से भटकते हुए
ज़ख्म सारे दिलों के छुपाते रहे।।
भाव अगणित सृजन........

धूप-वर्षा हो या कि कड़क शीत हो।
तन पे सीमित वसन उर निलय प्रीत हो।
नीले अम्बर के नीचे खुले छाँव में
रात हँस कर मगर वो विताते रहे।।
भाव अगणित सृजन........

ईंट-भट्टों की जलती हुई राख में।
रख दिये वो कदम बात ही बात में।।

एक नन्हा सा शिशु पीठ पर बांध कर
ईंट सर पे मगर वो तो ढोते रहे।।
भाव अगणित सृजन........

चन्द कागज के टुकड़े उठाये हुए।
मन्द कदमों को मग में बढाये हुए।
वो चला जा रहा आँसुओं को पिये
हम तो महफिल शहर में सजाते रहे।।
भाव अगणित सृजन........

अब तो करुणा कलित वेदना बह चली।
उस अकिंचन की सारी व्यथा कह चली।
भाव के दांव से हर्ष घायल हुआ
तुम मगर अपने तन को सजाते रहे।।
भाव अगणित सृजन........

*****

१६. बुधिया का सावन

आह तूलिका जीर्ण हुई है
कैसे उर का दर्द लिखूँ?
बासी कागज के सिलवट पर
कैसे खुद का फर्ज लिखूँ??
आह तूलिका जीर्ण हुई है, कैसे उर का दर्द लिखूँ??

सावन की बरसात हुई तो
बुधिया का घर डूब गया।
भूख प्यास से व्यथित हुआ तो
जीवन से ही ऊब गया।
फाँसी के फन्दे को बुनते
बुधिया का हर हर्फ लिखूं।।
आह तूलिका जीर्ण हुई है, कैसे उर का दर्द लिखूँ??

फटी गूदड़ी, टूटी झोंपड़ी
हाथों में रोटी लेकर।
सोच रहा है किधर चलूँ मैं
किस्मत ही खोटी लेकर।
बुधिया को राहत दे दे जो
उस लाला का कर्ज लिखूँ।।
आह तूलिका जीर्ण हुई है, कैसे उर का दर्द लिखूँ??

स्वप्नों के सूने खंडहर में
बुधिया का मन आहत है।
श्रान्त दृगों के अश्रु कणों
को पीने की बस चाहत है।

धूमिल होते अरमानों पर
जर्मीं हुई वो गर्द लिखूँ।।
आह तूलिका जीर्ण हुई है, कैसे उर का दर्द लिखूँ??

फटा झिंगोला तन में डाले
नंगे पग चलता रहता।
माघ पूस की सर्द रात में
बन शोला जलता रहता।
मई जून सी तपिश बढ़ाती
रात पूस की सर्द लिखूँ।।
आह तूलिका जीर्ण हुई है, कैसे उर का दर्द लिखूँ??

तिल तिल मरते बुधिया को मैं
तिल-तिल जीते देखा हूँ।
बिटिया की शादी के खातिर
गम को पीते देखा हूँ।
पितृ ऋणों से उऋण हो सके
प्रभु से ऐसी अर्ज लिखूँ।।
आह तूलिका जीर्ण हुई है, कैसे उर का दर्द लिखूँ??

*****

१७. हाथों के छाले

कितने छाले सूख चुके हैं
कोमल करतल मध्य मेरे
विधि की निष्ठुर निर्दयता ने
लाया कैसा वक्त अरे
कितने छाले सूख चुके........

आह विधाता निर्धनता में
जर्जर बनी कुटीर मेरी
भूख प्यास से व्याकुल बैठी
माता हुई अधीर मेरी
आज बदन के रोम रोम हैं
पीड़ा की सौगात भरे
कितने छाले सूख चुके........

छाले पड़ पड़ सूख रहे पर
अश्रु धार बहती रहती
झलझल करती दोपहरी
कृशकाय बदन जलती रहती
मिले भूख भर भोजन किंचित
यही आस विश्वास अरे
कितने छाले सूख चुके........

आओ बैठो पास जरा
देखो हस्त लकीर मेरी
निर्धनता के कुटिल जाल में
उलझी है तकदीर मेरी

कभी ईंट की टकराहट तो
कभी लौह आघात करे
कितने छाले सूख चुके........

*****

१८. जीवन हमारा

सुनो! जीवन हमारा ये
गमों का है किनारा ये

यहाँ उठती रही मौजें
हदों पे ज्यों खड़ी फौजें
जिगर जज्बात को रौंदे
रगों में बन जहर कौंधें
अरे अब अश्रुधारा ये
बनी मेरा सहारा ये

सुनो! जीवन हमारा ये
गमों का है किनारा ये

कभी जब अश्क आ जाएं
जलद बन मन पे छा जाएं
बरस कर तेज धारों से
दुःखों के तेज वारों से
दिला दे भाव धारा ये
कलम का बन सहारा ये

सुनो! जीवन हमारा ये
गमों का है किनारा ये

मिला जो दर्द मुझको है
पता क्या 'हर्ष' तुझको है
भिगी क्यों रात मेरी है

झुकी क्यों आँख तेरी है
हुआ जीवन विधारा ये
करूँ जीवन गुजारा ये

सुनो! जीवन हमारा ये
गमों का है किनारा ये

*****

१६. तुम्हारी याद

यार तुम्हारी याद आती है,
आंखों में आँसू लाती है।
टेशू वन की कुसुम कली सी,
मन उपवन में छा जाती है।।
यार तुम्हारी याद आती........

जीवन का इकपल गर्वित सा
यार तेरे संग बीता है।
मगर आज जीवन बगिया का
रंग तेरे बिन फीका है।
लता विटप के पर्ण पुष्प पे
मद्धिम सी लाली छाती है।।
यार तुम्हारी याद........

जीवन पथ में तन्हा चलना
मैंने खुद से सीखा है।
तड़प तड़प के ऐसे ही तो
जीवन मेरा बीता है।।
तन्हाई में मुझको अक्सर
तेरी ही छवि दिख जाती है।।
यार तुम्हारी याद........

दिन, सप्ताह, महीने बीते
तेरी सूरत को बस देखे।
वासर रैन चैन न आये
अश्कों को आंखों में ले के।

यहीं कहीं पुरवाई में अब
तेरी ही खुशबू आती है।
यार तुम्हारी याद.........

भुला दिया तुमने कल सारे
आज चाँदनी इन रातों में।
शायद तुमको वक्त नहीं है
मेरी प्यारी इन बातों में।
मगर मेरे हृदय की धड़कन
तेरी आहट ही पाती है।।
यार तुम्हारी याद........

तुझ विन मेरी जीवन नैया
कितनी खाली दिखती है।
जीवन के इस तेज भँवर में
रफ्ता रफ्ता तिरती है।
मगर हर्ष लहरों से लड़कर
कोई भाव न खाती है।।
यार तुम्हारी याद........

*****

२०. कल्पित कथानक

शब्द तुम तो वर्ण मैं हूँ
प्रेममय रसधार की।
तुम मेरी कल्पित कथानक
शब्द के संसार की।।
तुम मेरी कल्पित......

दृष्टि गोचर तुम अगोचर
बन हवा सी बह रही।
जानता मैं तुम नहीं हो
बस तुम्हारी सह रही।
फिर भला क्यों चल रही
हैं, आंधियाँ मनुहार की।।
तुम मेरी कल्पित......

तुम नहीं हो अक्स तेरा
मुह छुपाये चल रहा।
शब्द ज्योति दीप बनके
पंक्ति पंक्ति जल रहा।
कह रहा कवि लिख ही डालो
कल्पना संसार की।।
तुम मेरी कल्पित......

अव्यक्त सा तुम भाव निर्मल
बन कलम से कह रही।
पंक्तिबद्ध होने को ही
मसि कलम में बह रही।

कह रही धुँधली दिशाएं
दर्द बारम्बार की।।
तुम मेरी कल्पित......

तुम मेरी कविता की पंक्ति
लेखनी की धार हो।
बह रही नदिया की धारा
बन के अपरम्पार हो।
याद कुछ बरबस दिलाती
मन के हाहाकार की।।
तुम मेरी कल्पित......

है कोई महबूब मेरी
तुम न हरगिज समझना।
शब्द का संसार मधुरिम
प्रीति मेरी बन्दना।
जो जगाती भाव मन में
शब्द कोटि सार की।।
तुम मेरी कल्पित कथानक
शब्द के संसार की।
शब्द तुम तो वर्ण मैं हूँ
प्रेममय रसधार की।।

*****

२१. दीपावली

दीप पर्व पर दीपदान कर अंतर्मन इक दीप जलाना
इस दीवाली अरे 'हर्ष' तू उर अंतर का तमस मिटाना

टिमटिम करते दीप सदृश तुम
परमारथ हित जलते जाना
चीर धरा के कठिन तिमिर को
बन दिनकर सा ढलते जाना

राग द्वेष की निशा घनेरी
प्रतिक्षण जग में फैल रही
मानवता को असुर तराजू
पैमानों पर तौल रही
फिर से जग सौहार्द्र जगाने नन्हा सा इक दीप जलाना
इस दीवाली अरे 'हर्ष' तू अंतर्मन इक दीप जलाना

बेबस मन बेचैन पड़ा है
छल प्रपंच के राहों में
दुष्ट दुःशासन खड़ा हुआ है
बाहें डाले बाहों में

कुत्सित कर्म कुटिल इच्छाएं
जनजन की पहिचान बनी हैं
ओढ़ मुखौटा सन्त पुरुष का
अरमानों की साज घनी है
इनसे उरकी भीर मिटाकर मनवाणी को जीत दिलाना
इस दीवाली अरे हर्ष तू उर अंतर का तमस मिटाना

घर आँगन का कोना कोना
ले झाड़ू तुम पोंछ रहे हो
बन जाये निर्मल घर जिससे
वही बात बस सोच रहे हो

इस अंतर्मन का मैल मिटे
ये बात जरा गुनते जाना
जनमानस के आर्तनाद को
धर धीरज सुनते जाना
फिर काँटों के बीच आज तू नन्हा सा इक फूल खिलाना
इस दीवाली अरे हर्ष तू उर अंतर का तमस मिटाना

ये चकाचौंध फुलझड़ी व्यर्थ
है, जबतक हिय उजियार नहीं
अहम, वहम के कुटिल राग से
होता है मनुहार नहीं

नफरत की विष बेल पल्लवित
कब तक यूँ होती जाएगी
भूमण्डल सौहार्द प्रेम को
कब तक यूँ खोती जाएगी
आज धरा को स्नेहभाव से अमृत का इक घूँट पिलाना
इस दीवाली अरे हर्ष तू उर अंतर का तमस मिटाना

*****

२२. गणतंत्र दिवस

गणतंत्र दिवस मेरे हिन्द देश का जग में परम् महान
गौरवशाली गाथा इसकी जाने सकल जहांन।

कभी मुगल, अंग्रेज फिरंगी,
कभी क्रूर अफगान।
सूरी, सैय्यद, लोदी, खिलजी
बाबर, तुगलक, खान।
गजनी, गोरी, तैमूर लंग सब
आतंकी पहिचान।
बारी बारी सबने लूटा
लगा के पूरी जान।
मगर कभी भी मिटा न पाए
हिन्द देश की शान।।
गणतंत्र दिवस मेरे हिन्द........

बर्बर हूणों की बर्बरता
हिन्द देश ने झेला है।
शूरवीर पोरस के संग
शोणित की होली खेला है।
जिसकी बरछी से घायल हो
गिरा सिकन्दर महान।।
गणतंत्र दिवस मेरे........

शहीद भगत आजाद सरीखे
विस्मिल बीर महान।
देश के खातिर हँसते हँसते

लुटा दी अपनी जान।
बीर उधम ने अटल प्रतिज्ञा
लन्दन जा के पूर्ण किया।
जनरल डायर के खूनों से
हिन्द भाल को लाल किया।
और कभी भी रुकने न दी
बीरों का बलिदान।।
गणतंत्र दिवस मेरे.........

राणा का रण शौर्य देखकर
अकबर भी थर्राया था।
मुगलों की सेना लख कर जब
चेतक ने गुर्राया था।
भरी चौकड़ी गज मस्तक पर
राणा ने हुंकारा था।
बरछी ढाल तलवार लिए जब
दुश्मन को ललकारा था।
किसी तरह से प्राण बचाकर
भाग गया था मान।।
गणतंत्र दिवस मेरे.........

झांसी की रानी चंडी बन
युद्ध भूमि जब आई थी।
नर मुण्डों से धरा पाटकर
दुश्मन को दहलाई थी।
कर दोनों तलवार लिए वो
रणचण्डी रण भूमि डटी।
उसके कठिन प्रहारों से

नर मुण्डों से भूमि पटी।
फिर मातृभूमि के बलिवेदी पर
लुटा दी अपनी जान।।
गणतंत्र दिवस मेरे.........

हर्ष हमारा हिन्द देश तो
सारे जग से न्यारा है।
दक्षिण सागर पांव पखारे
उत्तर पर्वत प्यारा है।
विविध संस्कृतियों के संगम
से अदभुत हुआ नजारा है।
हिन्दू, मुस्लिम, सिख, ईसाई
सब में भाईचारा है।
और अमन का अखण्ड पताका
फहरे हिंदुस्तान।।
गणतंत्र दिवस मेरे......

*****

२३. विद्रोही कलम

कलम विद्रोह करती है
इश्क से रार रखती है
मैं चाहूँ हुस्न पे लिखना
मगर वो रोक देती है।।
कलम विद्रोह करती........

अभी तक हुस्न का संसार
मधुरिम दिल लुभाता था।
चैन की नींद रातों को
कभी हमको सुलाता था।
मगर अब लेखनी प्रतिपल
सृजन का सार लिखती है।।
कलम विद्रोह करती........

जमाने भर की दौलत से
नजर मैं मोड़ जाता हूँ।
भरम के हर सुहाने ख्वाब
को मैं तोड़ जाता हूँ।
तभी तो लेखनी मसि से
मृदुल मनुहार करती है।।
कलम विद्रोह करती......

प्रणय की झिलमिलाती टाब
कभी साँसों में घुलती थी।
सनम की मद भरी बातें
लगे ज़ख्मों को धुलती थी।

मगर निस्तब्ध नीरवता
कहाँ श्रृंगार करती है।।
कलम विद्रोह करती है........

तुझे सोचूँ तुझे पा लूँ
जहां भी इक नजर डालूँ।
तिमिर के रिक्तता को मैं
भला कैसे मसल डालूँ।
मेरी धड़कन मुझी से अब
सहज प्रतिकार करती है।।
कलम विद्रोह करती है........

न कोई द्वंद है मन में
न कोई फन्द है फन में।
न ही अब चिलचिलाती धूप
की वो रंज है मन में।
अरे ये लेखनी फिर से
समर स्वीकार करती है।।
कलम विद्रोह करती है........

कौन रूठा कौन भूला
अहम में है कौन फूला?
नफरतों के नशा में गुम
लिया है अब कौन झूला?
मुझे परवाह नहीं इसकी
की रूह इन्कार करती है।।
कलम विद्रोह करती है........
*****

२४. सन्यास

गुफा, कन्दरा भटक रहा जो
माया से सन्यास लिए।
इष्ट देव में खोया है वो
काया का विन्यास लिए।।

राग द्वेष से मुक्त हुआ बस
जीवन पथ में चलता है।
मानवता का प्रेम पुष्प तो
मन मे उसके पलता है।।

धन धान्य ऐश्वर्य कभी न
सन्यासी मन छलता है।
ईर्ष्या, दम्भ जगत में फैला
सन्यासी मन खलता है।।

निर्विकार सा जीवन यूँ ही
जग में जीता रहता है।
आडम्बर के प्रतिछाया से
हरपल बचता रहता है।।

लाल लँगोटी चन्दन टीका
उसको नहीं सुहाता है।
ललनाओं के रूप जाल में
खुद को नहीं लुभाता है।।

ऐसा ही सन्यासी जीवन
एकाकी बन रमता है।
परम् तत्व को अंतर्मन में
अपने खोजा करता है।।

*****

२५. पिता

पिता हूँ मैं
मेरे जज्बात को सुनना होगा।
खरी सी बात को चुनना होगा।

पुत्र जब नींद में सोता
मृदुल मुस्कान है बोता
सदन के एक कोने में
खड़ा नैराश्य को धोता
तभी मैं सोचता हूँ कि
मुझे अब प्रेम को चुनना होगा
मेरे जज्बात को सुनना होगा।।

अपने ख्वाब को तजकर
पुत्र के ख्वाब को बुनता
गवां कर नींद रातों की
शूल खुद आप ही चुनता
और फिर सोचता हूँ कि
मुझे अब दर्द ही चुनना होगा
मेरे जज्बात को सुनना होगा

स्वयं भूखे ही रह करके
पिता सन्तान को पाले
ठिठुरती सर्द रातों में
फटी सी चीर को डाले
और फिर सोचता हूँ कि
मुझे हरहाल में चलना होगा

मेरे जज़्बात को सुनना होगा

मेरा बेटा, मेरी तनुजा
मेरे अरमां मेरी धड़कन
मैं जीते जी कभी इनपर
न आने दूं कोई अड़चन
तभी तो सोचता हूँ कि
मुझे हर विघ्न से लड़ना होगा
मेरे जज़्बात को सुनना होगा

मेरी सन्तान हो काबिल
कि कुछ ऐसा मैं कर जाऊँ
बना दूं भाग्य मैं उनका
भले खुद ही बिखर जाऊँ
और अब सोचता हूँ कि
मुझे उस राह को चुनना होगा
मेरे जज़्बात को सुनना होगा

सफलता का कोई भी श्रेय
कभी मैं खुद नहीं लेता
विफलता की फटी चादर
पुत्र को मैं नहीं देता
तभी तो सोचता हूँ कि
मुझे ही अक्स को बुनना होगा
मेरे जज़्बात को सुनना होगा

खड़ी सन्तान जब होती
स्वयं खुद पांव पर अपने

पिता को हासिये पर रख
सजाती है मधुर सपने
तभी तो सोचता हूँ कि
मुझे ही वक्त को गुनना होगा
मेरे जज्बात को सुनना होगा

अनाथालय की पगडण्डी
मेरी ही राह तकती है
जरा के जोर से बेबस
हुई ये रूह थकती है
तभी सन्तान कहती कि
तुम्हें सर हाथ से धुनना होगा
मेरे जज्बात को सुनना होगा

*****

२६. बाल व्यथा

आह विधाता निर्धनता ही मेरी क्यों पहचान बनी है।
जीर्ण शीर्ण सी चीर वेदना मेरी क्यों शमशान बनी है।

ओ रे जग के नीत नियन्ता
मेरे कुछ अरमान शेष हैं।
आने वाले जीवन पथ के
वो सारे व्यवधान पेश हैं।
जिसके कुटिल दाव पेंच से
मानवता हलकान बनी है।।
आह विधाता निर्धनता ही मेरी क्यों पहचान बनी है।

जिन हाथों में पुस्तक पन्ने
थाम के आगे बढ़ने थे।
सरस तूलिका को कर साधे
जग बन्धन से लड़ने थे।
मगर आज उन हाथों की
पनहीं ही मुस्कान बनी है।।
आह विधाता निर्धनता ही मेरी क्यों पहचान बनी है।

कलकल करते सलिल नदी सा
मुझको अविरल चलना था।
हरित तृणों के हरियाली संग
मुझको हरपल पलना था।
मगर उदर की क्षुधा पूर्ण ही
मेरी अब अरमान बनी है।
आह विधाता निर्धनता ही मेरी क्यों पहचान बनी है।

कोमल मन सुकुमार बदन पर
दग्ध वेदना फूट रही है।
जीवन की गर्वित अभिलाषा
कतरा-कतरा टूट रही है।
ऐसी कुटिल कलित निर्धनता
स्वांसों पर अहसान.बनी है।।
आह विधाता निर्धनता ही मेरी क्यों पहचान बनी है।

पिट्टू पीठ पे बाँधे-बाँधे
न जाने किस ओर चलूंगा।
जीवन पथ में सतत अग्रसित
या मिट्टी में आज मिलूंगा।
निर्निमेष मेरी आँखें अब
दुर्दिन की मेहमान बनी है।।
आह विधाता निर्धनता ही मेरी क्यों पहचान बनी है।

उछल-कूद औ धमा-चौकड़ी
बाल सुलभ मन त्याग दिया है।
निर्धनता का पी कर प्याला
बचपन से बैराग्य लिया है।
जग के झूठी चकाचौंध में
बस्ती ये सुनसान बनी है।।
आह विधाता निर्धनता ही मेरी क्यों पहचान बनी है।

जग में मुझ सा बेबस बालक
बहुतेरे भी आज मिलेंगे।
दृग कोने में अश्रुधार ले
टूटे दिल के तार सिलेंगे।

'हर्ष' हमारी कोमलता ही
ये कैसा वरदान बनी है।।
आह विधाता निर्धनता ही मेरी क्यों पहचान बनी है।

*****

२७. हमदम मेरे

हमदम मेरे हम तुम फिर से
चलो अजनवी बन जाएं।
जीवन के विस्मृत पुस्तक के
पन्ने जर्द पलट जाएं।
हमदम मेरे हमतुम........

याद करो स्कूली दिन जब
हम तुम संग संग पढ़ते थे।
पुष्प पत्र पन्नों में रखकर
शारदे सुत बन जाते थे।
मोरपंख के पीछे अक्सर
इक दूजे से लड़ते थे।
उधम चौकड़ी की करतूतें
इक दूजे पर मढ़ते थे।
ऐसे अल्हड़ जीवन क्षण की
कैसे यादें धुल पाएं।।
हमदम मेरे हमतुम........

सूरज चांद अमानत अपनी
तारे इक इक गिनते थे।
टूट रहे उल्का पिण्डो से
मन ही मन में डरते थे।
तितली के संग पुष्प बाग में
इधर-उधर मंडराते थे।
देख बांगबां आस पास में
मन ही मन घबराते थे।

ऐसा नन्हा भोला बचपन
कास कभी फिर मिल जाये।।
हमदम मेरे हमतुम........

खेल खेल में इकदूजे को
कसकर खूब पकड़ते थे।
गालों का चुम्बन करते औ
फिर से खूब झगड़ते थे।
अंगुली के पोरों से अक्सर
खट्टी मिट्टी लेते थे।
अगले ही पल भुलभाल कर
गलबहियां कर लेते थे।
ऐसे मधुरिम जीवन को मन
करके याद मचल जाए।।
हमदम मेरे हमतुम........

*****

२८. वैलेंटाइन

इश्क विश्क ये प्यार मुहब्बत, औने पौने बिकते देखा
वैलेंटाइन नाम मात्र पर, कितनों को बस पिसते देखा
भूख जिस्म की जब मिट जाती, झूठे प्रेम पचीसी से
अश्रु बूंद का कतरा कतरा आँखों से तब रिसते देखा

लैला–मजनू, हीर–रांझणा, सीरी को बस पिटते देखा
वैलेंटाइन डे तक ही तो कितनों को बस टिकते देखा
भंवर इश्क की तूफानी है, अंजामों से अनजानी है
प्रेमजाल के चक्रवात में, कितनों को बस मिटते देखा

खिले गुलाब की पंखुड़ियों संग, जिसको आते जाते देखा
भरी दुपहरी जून माह में, उसको धक्के खाते देखा
दिन की भूख रात की नींदें, खत्म किये असनाई में
अक्सर तन्हा बाते करते, पथ में जाते गाते देखा

कदम कदम पर ठोकर खाकर उठते गिरते चलते देखा
निज बाहों के बलबूते ही, विघ्नों को छलते देखा
अधखिले गुलाबों को थामे जो चला प्रेम की पगडण्डी
उसको तिलतिल रोते रोते, आंखों को बस मलते देख

*****

---

२६. नफरतों को तुम मिटाना

प्रेम का हर सैं सजाना
नफरतों को तुम मिटाना
प्रेम का हर सैं सजाना
जल रहा है देश सारा
दुश्मनों से आज हारा
द्वेष का दर्पण घटाना
नफरतों को तुम मिटाना
प्रेम का हर सैं सजाना
आग के गोले बरसते
बेबसी में हम तरसते
जाति का दुर्गुण हटाना
नफरतों को तुम मिटाना
प्रेम का हर सैं सजाना
ऊँच-नीच भाव सारे
कर रहे हैं घाव खारे
दर्द की गोली खिलाना
नफरतों को तुम मिटाना
प्रेम का हर सैं सजाना
भेड़ियों के झुण्ड ठाढ़े
मेमनों पर दृष्टि गाढ़े
यत्न कर उनको बचाना
नफरतों को तुम मिटाना
प्रेम का हर सैं सजाना
बन्धनों से दूर जाकर
बे सुरीले गीत गाकर
अब न कोई घर जलाना

नफरतों को तुम मिटाना
प्रेम का हर सै सजाना
दूरियों से पास आकर
प्रेम का पैगाम लाकर
'हर्ष' की घुट्टी पिलाना
नफरतों को तुम मिटाना
प्रेम का हर सै सजाना

*****

३०. सँभल जा

रे! मानव तू अब तो सँभल जा।
कुटिल कर्म तू अब तो बदल जा।।

जिजीविषा की चिर रेखाएं
धुँधली होती नव्य दिशाएं
उन्नति के पथरीले पथ में
दूषित होती स्वच्छ हवाएं
तेरी प्रगति कहानी कहतीं
सर्वनाश कर जगत निगल जा।
रे! मानव तू अब तो सँभल जा।।

विधि के कठिन प्रहार से डर तू
अपने उस संहार से डर तू
चढ़ी त्यौरियाँ गर विधना की
फिर तो हाहाकार से डर तू
मानव है मानव के कारण
बर्फ शिला सम आज पिघल जा।
रे! मानव तू अब तो सँभल जा।।

प्रकृति तुम्हें दे रही इँशारा
मक्कारी से कर ले किनारा
कोरोना का तोड़ न कोई
कौन बनेगा तेरा सहारा
दुनिया के इस चकाचौंध में
मन से न तू आज मचल जा।
रे! मानव तू अब तो सँभल जा।।

क्या है? मन में राज उगल जा।
रे! मानव तू अब तो सँभल जा।।

*****

३१. कविते

जितना भी सोचूं फन तेरा
बढ़ती जाती है जिज्ञासा।
कैसे तुझसे कह दूँ कविते
तुम मेरे मन की अभिलाषा।।
कैसे तुझसे कह दूं........

शब्द, शब्द तुमको लिखता हूँ
पंक्ति, पंक्ति तुमको पाता हूँ।
प्रणय निवेदन प्राण प्रिये मैं
तुमको ही अर्पण करता हूँ।
छंद, छंद मकरन्द समाकर
बन बैठी तुम मंजूषा।।
कैसे तुझसे कह दूं........

चन्द सवालों को लिखता हूँ
यादों का मंजर सिलता हूँ।
तेरे स्वप्निल शब्द अब्द में
कमल पुष्प बन मैं खिलता हूँ।
ऐसे मधुरिम नेह स्नेह की
उठती है मन में प्रत्यासा।।
कैसे तुझसे कह दूं........

तुम मेरी पहचान बनी हो
सृजन की मेहमान बनी हो।
सूने से इस जीवन पथ की
तुम ही तो अरमान बनी हो।

हलचल हो जब अंतर्मन में
देती हो बस एक दिलासा।।
कैसे तुझसे कह दूं.........

तेरी यादों में सोता हूँ
सपनों में बातें करता हूँ।
शाम सबेरे तन्हाई में
अक्सर ही खोया रहता हूँ।
कल्पित भावों को लिखने से
फैल रही अब मन मे निराशा।।
कैसे तुझसे लह दूं........

भावों की नदिया बहती है
पंकित मुक्ता, शंख रखती है।
अंतर्मन में मेरे तेरी
धुँधली सी छाया बसती है।
अगणित भावों की स्वर लहरी
देती है बस एक दिलासा।।
कैसे तुझसे कह दूं........

*****

३२. तरंग

मैं लिखता बस मैं लिखता हूँ
जीवन के स्वच्छंद तरंग।
जिसके कलकल आर्तनाद में
खोये सुख दुख रंग विरंग।।
मैं लिखता बस मैं........

जीवन पथ संक्षिप्त सृजन सा
शब्दों में सिमटा सिमटा।
सम्बन्धों के विकट विपिन में
प्रेमपुष्प लिपटा लिपटा।
प्रश्नों के इस चक्रव्यूह में
उठते अगणित भाव तरंग।।
मैं लिखता बस मैं........

कभी श्रान्त से अश्रु विन्दु को
आंखों में अपने भर कर।
इक लम्हा जो बीत गया है
उसका सारा विम्ब सजाकर।
यादों के स्वप्निल राहों में
उठते अगणित भाव उमंग।।
मैं लिखता बस मैं........

कितने विछड़े जीवन पथ में
कितने अभी विछड़ने हैं।
यादों के विस्मृत पुस्तक के
पन्ने कई पलटने हैं।

चाहत के विस्तृत सागर में
मिटते अगणित प्रेम प्रसंग।।
मैं लिखता बस मैं........

अधर विन्दु के गर्वित स्वर को
काव्य सृजन के भाव विकल से।
कहते सुनते लिखते लिखते
यादों के अवधान विभव से।
'हर्ष' हमारी मनः वेदना
करती विचलित कोटि अनंग।।
मैं लिखता बस मैं........

*****

३३. प्रेम पुष्प

जो मेरा दिल सोचे दिलवर
क्या तेरा भी सोचेगा
गर्वित स्वर बन प्रेम पुष्प भी
क्या मेरा हो पायेगा।
जो मेरा दिल सोचे........

तेरे प्यार के सजल मेघ जब
प्रेम वृष्टि बरसायेंगे।
जग के सारे सचर अचर तब
बक्र दृष्टि कर जाएंगे।
मन के मैल से तन बोझिल हो
क्या समरसता पायेगा।
जो मेरा दिल सोचे........

उन्मुक्त विहग हम उस डाली के
जिसके स्वर्णिम सपने थे।
सपनों के पथरीले पथ में
विह्वल व्याकुल अपने थे।
अपनों के इस व्याकुलता को
कैसे मैं हर पाऊंगा।
जो मेरा दिल सोचे........

कभी जिया हूँ प्रेमी बनकर
आज दोस्त बन जाऊंगा।
तेरी इच्छाओं के चलते
जिंदा गोस्त बन जाऊंगा।

जीवन के इस मधुवन में मैं
क्या जिंदा रह पाऊंगा।।
जो मेरा दिल सोचे.......

*****

३४. बिखरते रिश्ते

यादों के कोरे पन्नों पर, आज तूलिका जब चलती है।
रिश्तों के हर ओर छोर पर, हर्ष होलिका सी जलती है।।

सिसक रहे हैं रिश्ते सारे,
नफरत की इक चादर ओढ़े
अपने तक सीमित हर कोई,
बिखरे रिश्ते कैसे जोड़े
सगा-सहोदर भ्राता रूठा,
भाई से अपने मुह मोड़े
पुत्र पिता से खफा-खफा है,
जग के सारे बन्धन तोड़े

अपनों का अपनों के ऊपर, दर्प भूमिका ही खलती है।
रिश्तों के हर ओर छोर पर, हर्ष होलिका सी जलती है।।

एकाकी जीवन जंचता है,
मात-पिता का साथ नहीं
सास-बहू की चढ़ी त्यौरिया,
पति-पत्नी में बात नहीं
नन्हा भोला बचपन फीका,
होंठों पर मुस्कान नहीं
बालापन की धमा चौकड़ी,
अब उनकी पहचान नहीं

सम्बन्धों की हर परिपाठी, सर्द मृत्तिका सी गलती है
रिश्तों के हर ओर छोर पर, हर्ष होलिका सी जलती है

ईर्ष्या की बिष बेल बढ़ी है
अर्थ प्रधान हुआ जाता है
सहन शक्ति सब क्षीण हुई है
मधु मकरन्द चुआ जाता है
आज वक्त के खापों में नर
खुद ही प्रश्न किया जाता है
खुद ही उसका उत्तर देता
खुद ही जश्न किया जाता है

इन्हीं ख्यालों के राहों में, जर्द सूचिका सी पलती है
रिश्तों के हर ओर छोर पर, हर्ष होलिका सी जलती है

*****

३५. अनन्त शून्य में खो जाऊंगा

अनन्त शून्य में खो जाऊंगा
ओढ़ चुनर रजकण वाली।
इक दिन अतीत बन जाऊंगा
छोड़ भीड़ जनगण वाली।।
अनन्त शून्य में........

लाख यत्न करके भी तुम
ढूंढ न पाओगे मुझको।
बस सपनों में ही आकर
सहज जगाऊंगा तुझको।
बन समीर मैं बहा करूँगा
बागों की प्रतिक्षण वाली।।
अनन्त शून्य में........

मिट्टी का ये रूप अनोखा
मिट्टी में मिल जाएगा।
पंचतत्व के पंच पदों में
हिमकण सा घुल जाएगा।
वपु नजर फिर न आयेगी
जवां नब्ज दर्पण वाली।।
अनन्त शून्य में........

रिश्ते, नाते, मन की बातें
यहीं धरे रह जाएंगे।
जीवन के अरमान अधूरे
कभी नहीं कह पाएंगे।

और वेदना जन्य सदाएं
उमड़ेगी अर्पण वाली।।
अनन्त शून्य में........

सारे शिकवे जग के मुझसे
अर्थी संग मिट जाएंगे।
जग वालों के हित पैमाने
चिता संग जल जाएंगे।
फिर व्यालों की ध्वनि कानों में
गूंजेगी घर्षण वाली।।
अनन्त शून्य में........

*****

३६. मेरा गांव

मेरे गांव की माटी सोना, पानी है सुधा समान
देश हित जहां पैदा होते, अगणित बीर जवान।

यहाँ खेत खलिहान सुहाने
पीपल के हैं पेड़ पुराने
घूमा करते मस्त मगन हो
अलबेले से दीवाने
और आम की अमराई में, गाये कोयल गान
मेरे गांव की माटी सोना, पानी है सुधा समान।

घनन घनन घण्टा ध्वनि गूंजे
जहां देव नारी नर पूजें
द्रुम डाली के सघन छाँव में
बैठी चटक मगन मन कूजे
और भोर के प्रथम पहर में गूंजे सकल अजान
मेरे गांव की माटी सोना, पानी है सुधा समान।

कोयल, मोर, पपीहा बोलें
दिग्दिगन्त अमृत रस घोलें
गाय, बैल के संग में आकर
कस्तूरी मृग हौले डोले
ताम्रशिखा के तीक्ष्ण ध्वनि से होता यहां बिहान
मेरे गाँव की माटी सोना, पानी है सुधा समान।

कलकल ध्वनि सलिला है करती
शीतल पवन सनन सन बहती

सोंधी खुशबू इस मिट्टी की
अंग-अंग में ऊर्जा भरती
ऊँची अट्टालिकाओं संग, हैं बने हुए मकान
मेरे गाँव की माटी सोना, पानी है सुधा समान।

*****

३७. व्यथित बटोही

ओ रे व्याकुल व्यथित बटोही
कहाँ भटकता जाएगा।
अरे वेदना जन्य भाव ले
जीवन मे क्या पायेगा।।
ओ रे व्याकुल व्यथित........

आ इकपल विश्राम हाट में
श्रान्त पगों को राहत दे जा।
और रुधिर के अल्प वेग से
सुखे रगों को चाहत दे जा।
निर्निमेष नयनों में धुँधली
दिव्य ज्योति क्या पायेगा।।
ओ रे व्याकुल व्यथित........

हरे बृक्ष की घनी छांव में
शीतल मन्द पवन चलती थी।
उष्ण दिवस के द्रुम छाया में
वन्य जीव काया पलती थी
सड़क किनारे सुखे पेड़ से
क्या समीर तू पायेगा।।
ओ रे व्याकुल व्यथित........

कंक्रीटों के बाग लगाए
फैक्टरियों से धुँआ उड़ाए।
तारों का जंजाल बिछा कर
कम्प्यूटर के साज सजाए।

ऐसे में तू गन्ध पुष्प का
भला कभी क्या पायेगा।।
ओ रे व्याकुल व्यथित.........

अपने हाथों कब्र तू अपनी
रफ्ता रफ्ता खोद रहा है।
जीवन को खुशहाल बनाने
की आशाएं जोड़ रहा है।
खुदे हुए इस कब्रिस्तान में
'हर्ष' चैन क्या पायेगा।।
ओ रे व्याकुल व्यथित........

*****

३८. वक्त का हिजाब

इक कहानी है अधूरी,
आखिरी किताब की
आईना पहिचान पूछे,
वक्त के हिजाब की।।

वो छुअन अहसास बाकी,
आखिरी ही रात है
चन्द यादों की तिजोरी,
अब हमारे साथ है
कारवाँ जीवन का यूँ तो,
चल रहा बस बात है
इस कदर मजबूर होना,
सह है या कि मात है
ये गणित भी भूल बैठा,
वाह रे हिसाब की।
आईना पहिचान पूछे,
वक्त के हिजाब की।।

अक्स यादों का समेटे,
मुह छुपाये चल रहा
था सुनहरा ख्वाब जो भी,
आँसुओं में ढल रहा
जिंदगी का एक हिस्सा,
द्वन्द में है पल रहा
आत्म मंथन के भँवर में,
होलिका सा जल रहा

अब न कोई चाह बाकी,
वक्त के खिताब की।
आईना पहिचान पूछे,
वक्त के हिजाब की।।

वक्त के सैलाब में ही,
जाने कितने बह गए
आह की इक घूँट पीकर,
बस तड़पते रह गए
अग्नि पश्चाताप की वो,
आसुओं से कह गए
दर्प के सुनसान खण्डहर
भरभरा के ढह गए
फिर भला क्यों चल रही हैं
आंधियां सिताब की
आईना पहचान पूछे,
वक्त के हिजाब की।।

प्रश्न का ये चक्रव्यूह,
राह रोके है खड़ा
मन रथी हो कल्पना के,
तीर लेकर है अड़ा
इक भयंकर युद्ध का अब,
रंग मानो है चढ़ा
शब्द बाण ले अधर द्वय,
मौन होकर है पड़ा
बस व्यथित सा ढूंढता है,
आह बन नबाब की।

आईना पहिचान पूछे,
वक्त के हिजाब की।।

वो प्रणय की सिलवटें भी,
चादरों पर हैं पड़ी
जो कभी संतृप्त होकर,
आंसुओं से थी लड़ी
शून्य सी वो रिक्तता अब,
दृग पटल पर है जड़ी
आह! मेरी चाह तेरी,
वेदना की है कड़ी
क्यों सजल चक्षु देखते हैं,
हुस्न वो शबाब की।
आईना पहिचान पूछे,
वक्त के हिजाब की।।

*****

३६. बचपन

बचपन की वो याद सुहानी मन मंदिर पर जब छाती हैं
कंचे, गुल्ली, गुड़िया, खो-खो सपनों में अक्सर लाती हैं

गली गली गलबहियां करके
मित्रों के संग घूमा करते
तितली के संग पुष्प गली में
अक्सर हम तो झूमा करते
भरी दोपहरी अमराई में
छुपा छुपाई खेला करते
आने वाली हर अड़चन को
हंसते हंसते झेला करते

जीवन के इस व्यस्त दौर में, बीती यादें जब आती हैं
कंचे, गुल्ली, गुड़िया, खो-खो सपनों में अक्सर लाती हैं

ऊंच-नीच का भेद कहां था
जीवन के उस पूण्य पहर में
जाति-पाति का भेद कहाँ था
क्रीड़ा के उस तेज लहर में
पक्ष-विपक्ष की चिंता होती
जीत-हार के ही साये में
इसीलिये तो टीम बनाते
खेल गांव के द्रुम छाये में

बचपन की हर बात समेटे, कभी-कभी रातें आती हैं
कंचे, गुल्ली, गुड़िया, खो-खो सपनों में अक्सर लाती हैं

मात-पिता की डाँट पड़े तो
सुबक-सुबक कर रो लेते थे
गुड्डे-गुड़िया अंक में लेकर
चुपके-चुपके सो लेते थे
अगले ही दिन सुबह सबेरे
लट्टू पर हम डोरी भरते
और निकल पड़ते मस्ती में
इकदूजे से लड़ते-भिड़ते

नदी किनारे अमराई की बगिया जब भी दिख जाती हैं
कंचे, गुल्ली, गुड़िया, खो-खो सपनो में अक्सर लाती हैं

कोयल की कू-कू सुनते ही
नकल उसी की करने लगते
घूम-घूम कर बाग-बाग में
तिनका-तिनका चुनने लगते
पुष्प नवल यदि दिख जाता तो
अपना दावा करने लगते
पुहुप डाल से तोड़ तोड़कर
थैली में बस भरने लगते

द्रुम डालों पर नीड़ बनाकर गौरैया जब उड़ जाती हैं
कंचे, गुल्ली, गुड़िया, खो-खो सपनों में अक्सर लाती हैं

माँ बापू से प्रश्न अनेकों
सुबह-शाम को करते रहते
टूट रहे उल्का पिण्डों से
मन ही मन में डरते रहते

क्यों उड़ती हैं चिड़िया नभ में
माँ से अक्सर पूछा करते
नहीं बताते जुगनू का घर
बापू से बस रूठा करते

माँ के मीठे चुम्बन की अब यादें ही तो तड़पाती हैं
कंचे, गुल्ली, गुड़िया, खो-खो सपनों में अक्सर लाती हैं

*****

४०. रिश्ता

तेरा मेरा क्या रिश्ता है
तन्हाई में सोचूँ मैं।
खाली खाली क्यों लगता है
दिल का कोना पूछूं मैं।
तेरा मेरा क्या रिश्ता........

अरमानों से बधा हुआ सा
तेरे पग का पायल हूँ।
परदेशी पर कटा परिंदा
पहले से मैं घायल हूँ।
कैसे नभ में उड़ पाऊंगा
हरपल मन मे सोचूँ मैं।।
तेरा मेरा क्या रिश्ता........

तुम मेरी तो हो ही नहीं
फिर अपना दिल क्यों कहता है।
तेरी यादों में खोया बस
सपने बुनता रहता है
क्यों न खुद को रोक सकू
इस विगड़े दिल से पूछुं मैं
तेरा मेरा क्या रिश्ता........

राहें अपनी जुदा जुदा हैं
इक दिन पथ में खोना है।
तन्हाई में बैठे बैठे
इक दूजे पे रोना है।

जीवन के इस विवसता को
मन ही मन मे सोचूं मैं।
तेरा मेरा क्या रिश्ता

बेनाम बना ये रिश्ता शायद
जीवन भर का बोझ बनेगा
चैन से जीवन जीने में ये
सबसे बड़ा अवरोध बनेगा
कैसा होगा कल का जीवन
मन ही मन मे सोचूँ मैं।।
तेरा मेरा क्या रिश्ता........

*****

करुण बीर वात्सल्य समेटे
सामासिक परिधान लिए।
हिन्दी आज सरस दिखती है
श्रृंगारिक पयपान किये।।
हिन्दी आज सरस........

शब्द शब्द श्रृंगार समाहित
पंक्ति पंक्ति चौपाई छन्द
गद्य पद्य के भाव विधा में
हिन्दी की गहराई बन्द
दोहा छन्द सवैयों में ये
लिपटी है श्रृंगार किये।।
हिन्दी आज सरसा........

हिन्दी के परिमल आँचल में
खण्डकाव्य महाकाव्य पले
कभी जायसी पदमाकर तो
कभी अज्ञ, हरिऔध पले
कभी सूर, तुलसी बाबा के
काव्यों का गुणगान किये।
हिंदी आज सरस........

पन्त निराला जयशंकर से
हिन्दी के अनमोल दीये
नागार्जुन, बच्चन, राही ने
जीवन इसको दान दिए

घनानन्द, घन से ले करके
रवींद्रनाथ टैगोर दिए।
हिन्दी आज सरस........

संस्कृत की मुह बोली बहना
पाली का अभिमान लिए
तेलगु कन्नड़ सखी सहेली
अवधी का रसपान किये
सात सुरों का गायन करके
मानो सांझ विहान किये
हिन्दी आज सरस........

बस अपनों से व्यथित हुई सी
भटक रही अखबारों में
अपने गौरव के खातिर
दिल्ली। के दरबारों में
ढूंढ रही उन्मुक्त विधा जो
सृजन का व्यवधान लिए
हिन्दी आज सरस........

क्या हिंदी को न्याय मिलेगा
सत्ता के गलियारों से
क्या हिन्दी का मान बढ़ेगा
जनता के अधिकारों से
शायद इनसे ऊपर उठकर
प्रश्नों का बौछार किये
हिन्दी आज सरस........

हिन्दी के तीरों का तरकस
करना है संधान मुझे
अंग्रेजों की चाटुकारिता
भाषा से परित्राण मुझे
शब्द शब्द संग्राम समाकर
विप्लव का बरदान दिये
हिन्दी आज सरस........

भारत के उन्नत ललाट पे
हिन्दी का चन्दन टीका
हर्ष सभी भाषाओं का ये
करती है वन्दन मीठा
सबको अपने रंग में रँगकर
नया रूप सौंदर्य लिए
हिंदी आज सरस........

*****

४२. सुरमई प्रारब्ध

हिय उठे जज्बात का प्रिय, एक एक शब्द लिख दूँ
तुम कहो तो चिर मिलन का, सुरमई प्रारब्ध लिख दूँ

मृदु सुकोमल बाजुओं को, स्नेह से तूने छुआ था
प्रेम के उस अंकुरण से, मन मुदित मेरा हुआ था
रोम-रोम रिक्तता को, स्नेह से आबद्ध कर
शबनमी अधरों में घुल कर, सोमरस मानो चुआ था
उस रुपहले ख्वाब का मैं, एक एक अब्द लिख दूँ
तुम कहो तो चिर मिलन का, सुरमई प्रारब्ध लिख दूँ
तुम कहो तो........

मैं लिखूं तुमको गड़ू, इक कल्पना का रंग ले
कागजों की अवलियों में, लेखनी को संग ले
कास की तू मेघ बनकर, मन क्षितिज से आ मिले
प्यास हिय की फिर मिटा दे, डूबती तरंग ले
आज फिर से उन दिनों का, एक एक पद्य लिख दूँ
तुम कहो तो चिर मिलन का, सुरमई प्रारब्ध लिख दूँ
तुम कहो तो...................

*****

* 9 7 8 9 3 9 0 8 8 9 2 0 4 *